AF250911

LA
RÉVOLUTION

ET

M. THIERS

PAR M. KOLB-BERNARD

Député du Nord.

EXTRAIT DU CONTEMPORAIN, N° DU 1er NOVEMBRE 1873.

PARIS

IMPRIMERIE JULES LE CLERE ET Cie

RUE CASSETTE, 29.

1873

LA RÉVOLUTION ET M. THIERS

I

Vers la fin de l'année 1869, sous l'influence du mouvement d'idées qui s'était produit à ce moment, je publiais sous ce titre, *La politique nouvelle de la France*, un opuscule où je m'étais proposé d'examiner quels étaient les principes fondamentaux sur lesquels un gouvernement durable et puissant pouvait s'élever en France, échappant à cette loi de l'instabilité que nous a léguée, comme un héritage fatal, la période révolutionnaire ouverte à la fin du siècle dernier.

Il suffisait de jeter un regard sur les enseignements de l'histoire et sur le génie de la nation pour reconnaître que ces principes de puissance, de force, de durée pour la France et pour son gouvernement, se résumaient dans ces trois éléments essentiels : le catholicisme, la monarchie, la liberté.

Le temps qui s'est écoulé depuis cette publication n'a rien enlevé de leur caractère d'actualité aux considérations que j'invoquais à cette époque. Peut-être même les catastrophes accomplies seraient-elles de nature à y ajouter un certain degré d'intérêt en justifiant par des exemples récents l'ensemble des vues qui y étaient exposées.

Mais ce que les événements surtout ont mis plus pleinement en relief, c'est la question même qu'il avait paru utile de poser et d'étudier à un moment où le pouvoir personnel, tel que l'avait réalisé le régime impérial, épuisé par ses propres excès et s'affais_sant sur lui-même, se trouvait poussé à la nécessité d'une réforme réclamée chaque jour avec plus de vivacité.

Ce n'est pas ici le lieu d'apprécier ce qui pouvait s'attacher d'espérances plus ou moins illusoires à ce mouvement d'opinion. Il s'était produit sous le coup de faits jusqu'alors inaccoutumés pour cette sorte de succès extérieur dont l'empire avait eu long-temps le privilége. C'était la réprobation accentuée du sentiment public contre les progrès d'une dépravation croissante, contre les scandales et les ruines d'un agiotage sans limite et sans frein ; c'étaient les désastres du Mexique rendus plus sombres et plus accusateurs par la mort tragique du prince Maximilien ; c'était un désastre bien plus considérable au point de vue de notre politique extérieure, le désastre de Sadowa, qui, mettant à nu l'impéritie et la faiblesse de la politique impériale, étaient venus subitement en révéler les périls et le déclin.

Les aspirations vers des principes nouveaux de gouvernement auxquelles le pouvoir, jusque-là si avare de liberté, paraissait s'associer à un certain degré, devaient-elles raffermir sur ses bases l'établissement impérial? étaient-elles de nature, au contraire, comme le pensaient bon nombre de ses partisans, à amener un ébranlement plus profond?

Tout était bien mêlé et confus à cet égard dans les esprits et dans les choses. Les altérations de la vérité sociale et politique avaient pénétré bien avant; aussi la confiance dans l'avenir était-elle bien plus l'expression d'un désir que l'affirmation d'une réalité. Au fond et malgré les satisfactions d'un progrès obtenu, on restait troublé et inquiet devant le labeur d'une transformation politique où tout était obstacle: les habitudes du passé, les défiances du présent, les envahissements de la démagogie, l'hostilité persévérante d'une opposition qui, poussée par les passions du dehors dont elle était dépendante, avait planté son drapeau sur le terrain des revendications les plus extrêmes. Pour elle l'empire était atteint d'une lèpre originelle et indélébile; il était irrémissiblement condamné à périr. Tributaire des révolutions passées, le pays restait en face d'une révolution toujours menaçante.

C'est de cette situation morale si profondément empreinte du caractère d'instabilité auquel ont participé en France tous les régimes politiques depuis quatre-vingts ans, qu'était sorti le travail auquel je faisais allusion.

Pourquoi cette fatalité de l'instabilité qui pèse ainsi sur les destinées politiques de notre pays? A ce mal devenu pour ainsi dire endémique, y a-t-il un remède: et, s'il existe, quel est-il? La France cependant n'est pas d'hier : elle a traversé une longue série de siècles : comment a-t-elle fait pour la parcourir? A quels principes, à quelles institutions est dû le bienfait de cette existence en même temps si durable et si glorieuse, si féconde en progrès et en réparations? Existe-t-il pour la France des conditions spéciales de gouvernement et quelles sont-elles?

Telle était la question posée et qu'il s'agissait de résoudre.

II

C'est bien encore la question à l'ordre du jour ; question tellement vitale qu'on ne saurait comprendre qu'une grande nation, appuyée sur un passé traditionnel de plus de dix siècles, en puisse laisser la solution pendante ; et que, sous le coup même des nécessités qui rendent sa réorganisation plus pressante et plus impérieuse, incertaine de sa marche, livrée à toutes les hésitations et à toutes les impuissances du scepticisme politique, elle se soit trouvée réduite à cette lamentable extrémité de se réfugier dans le régime du provisoire et dans le système, assurément nouveau, des gouvernements *à l'essai*.

Tel est le phénomène social et moral qui s'est produit dans notre malheureux pays. L'histoire l'enregistrera comme l'un des faits les plus étonnants et les plus exceptionnels qui aient à prendre place dans les annales du monde.

Mais ce phénomène a ses causes ; il a ses enseignements; et il a une trop grande part dans notre situation actuelle pour que nous n'ayons pas à y arrêter nos regards.

III

Une période de quatre-vingts ans s'est écoulée depuis la chute

de cette grande institution qui s'appelait la monarchie française.
Dix siècles de progrès, de grandeur, de gloire et surtout de stabilité fondamentale à travers la bonne et la mauvaise fortune, les
luttes, les transformations, les événements les plus divers : voilà
ce qu'il faut mettre en regard de cette période de quatre-vingts
années sur laquelle a pesé avec une persévérance si fatale la loi
de l'instabilité et où l'on a vu se succéder si rapidement tant de
gouvernements, dont chacun, à son début, se croyait en possession
d'une durée indéfinie.

Quelle explication donner à ce phénomène singulier, si ce n'est
qu'il s'est fait là un travail ingrat et insensé qui ne pouvait abou-
tir parce qu'il allait contre la nature même des choses?

La nature des choses pour la France, c'est, pour sa part, la vie
monarchique. C'est en vain qu'un certain *rationalisme* politique
voudrait gouverner les peuples par des théories transcendantes
et des principes abstraits. Il y a quelque chose de plus fort et de
plus invincible : ce sont les traditions, les mœurs, les sentiments,
le génie et la foi d'une nation. Il y a là des racines séculaires que
l'on voudrait en vain détruire en bouleversant le sol. Elles plon-
gent trop avant dans ses profondeurs pour que la main de
l'homme puisse les atteindre.

Tel est l'esprit monarchique en France. Il persiste malgré tout,
et les révolutionnaires s'étonneraient sans doute beaucoup si on
leur disait qu'ils en sont, eux aussi, plus ou moins imprégnés à
leur insu, et que c'est là même une des principales causes qui
frappent leurs œuvres, toujours caduques, de stérilité et d'impuissance.

L'esprit révolutionnaire a eu, en France, deux formules : la
république et l'empire ; deux formules qui, sous des dénomina-
tions différentes, répondent à une même idée : *fonder le gouvernement sur la puissance exclusive de l'homme.*

Que l'empire soit avant tout la prétention du pouvoir personnel, dans sa plus large expansion, c'est une vérité qu'il suffit
d'énoncer.

Mais, pour la France, la république, sur ce point, n'a pas
d'autre objectif que l'empire. Les dynasties républicaines existent
comme les dynasties impériales ; et, comme ces dernières, elles
tendent non pas seulement à dominer, mais à s'assurer un règne
durable. Et, il faut le constater, c'est l'esprit du pays lui-même
qui s'y prête, conservant à travers ses préjugés et ses entraîne-

ments révolutionnaires l'instinct monarchique. Le pays sera toujours disposé à faire d'un consul nommé pour dix ans un consul à vie; et d'un consul à vie un chef d'État héréditaire. Et ce qu'il fera d'un consul, il le ferait et il l'a fait, d'un président de république. Rien ne saurait être plus contraire à ses dispositions et à ses goûts qu'un président rééligible à des intervalles plus ou moins longs. Avant tout *il faut au pays que le gouvernement y soit représenté par un homme;* un homme qui ait dans son pouvoir un élément de durée et qui, empruntant ainsi quelque chose à l'ancienne royauté, puisse apparaître comme une garantie de stabilité.

Evidemment c'est là l'idée monarchique, mais cette idée profondément altérée et prise à rebours.

Le régime monarchique, dans sa véritable essence, ne donne pas le pouvoir au roi : il donne le roi au pouvoir. C'est le principe substitué à l'homme ; et c'est pour que le principe subsiste dans des conditions efficaces que le roi ne dépend pas d'un choix arbitraire, mais qu'il est désigné à l'avance par l'ordre de successibilité. Ce droit d'hérédité est beaucoup moins le privilége d'une famille qu'un intérêt national de premier ordre, au même titre que la conservation et la stabilité du pouvoir lui-même. Le roi, dans l'idée monarchique, doit être impérissable aussi bien que le pouvoir. Avant tout, le roi légitime, la famille royale appartiennent au pays : ce n'est pas le pays qui leur appartient.

Telle est la grande stabilité monarchique, vrai support des nations à travers les siècles et dont la stabilité précaire, toujours menacée, des gouvernements révolutionnaires, quels que soient leur forme et leur nom, n'est qu'une impuissante contrefaçon.

Toujours est-il que tous ces pouvoirs tendent, en France, à affecter un certain caractère monarchique, et que le pays lui-même, pour se soustraire à la fatalité inéluctable des révolutions, le réclame, à titre de dernière satisfaction, de la part des gouvernements qu'il se laisse imposer en paraissant les choisir.

Or, ce qu'il convient d'examiner de plus près, c'est à quel ordre de principes et d'idées ces gouvernements de passage et d'expédient empruntent l'importation, dans leur sein, de ces réminiscences monarchiques.

III

Dans la longue durée de sa glorieuse mission la monarchie n'a pas échappé à certaines déviations dont elle a payé chèrement la faute.

C'est par l'une de ces déviations que le pouvoir royal a cherché à s'agrandir, contre son intérêt, en dehors de ses véritables conditions d'existence.

La notion vraie de ce pouvoir, c'est qu'il s'identifiait avec la souveraineté nationale tout entière, le roi étant, avant tout, le gardien des institutions, de l'indépendance et des libertés du pays. Et lorsque, par des déviations successives, le roi a cessé plus ou moins de personnifier ce pouvoir collectif pour le transformer en un pouvoir individuel; lorsque le pouvoir royal, au lieu de rester, dans toute son intégrité, le pouvoir national, est devenu le pouvoir personnel, la monarchie a été atteinte dans son principe vital et la révolution a pu se faire à la suite de ces deux paroles, l'une prononcée par Louis XIV, « l'État c'est moi »; l'autre adressée par l'un de ses flatteurs à Louis XV : « Sire, tout ce peuple est à vous. »

De ce pouvoir personnel est née la centralisation, comme de l'esprit de liberté était né le pouvoir national du roi; la centralisation, œuvre funeste, parce qu'elle ne va à rien moins qu'à supprimer la nation, à lui enlever le sentiment de ses devoirs plus encore que le sentiment de ses droits, et à la livrer, inconsciente et abaissée, à tous les despotismes et à toutes les anarchies. Qui pourrait le contester aujourd'hui ?

Le pouvoir personnel est jaloux. Il est jaloux surtout de la puissance morale qui s'adresse aux consciences et aux âmes, parce qu'il y a là un domaine où les volontés et les résistances lui échappent et où il voudrait pouvoir les atteindre. C'est de là que surgissent ces législations soupçonneuses, tyranniques, habiles à multiplier autour de ce domaine inviolable les entraves et les coercitions.

Et comme la plus grande puissance morale dans le monde est l'Église catholique, c'est surtout contre son action, son indépendance et sa liberté que s'élèvent les craintes et les précautions du pouvoir personnel.

Là aussi le pouvoir royal a suivi un penchant fatal, et malgré tant de liens qui unissaient la monarchie à l'Église, malgré ce génie catholique qui appartient si essentiellement à la France, dont il est une des gloires et une des grandeurs, on sait quelles traces funestes ont laissées dans l'histoire les entreprises contre les droits et la liberté de cette Eglise à laquelle le pouvoir, égaré par son goût d'omnipotence, prétendait, sous le nom de franchises nationales, imposer les plus injustes et les plus humiliantes servitudes,

Mais ce n'étaient là, après tout, que des égarements accidentels et des erreurs limitées, qui trouvaient leur correctif dans le caractère profondément chrétien et modéré du pouvoir, dans l'esprit de liberté dont les institutions et les mœurs étaient pénétrées et dans cet ensemble de traditions conservatrices et religieuses où le régime monarchique puisait son autorité, sa stabilité et sa durée.

Chose singulière! dans ce vaste et lamentable naufrage de la monarchie battue par la tempête révolutionnaire, c'est précisément sur ces pratiques mauvaises du pouvoir ancien que le pouvoir nouveau a mis la main comme sur des épaves précieuses. Il s'en est emparé comme d'un butin qui était son bien propre et le legs le plus utile qu'il eût à s'approprier dans l'héritage des doctrines monarchiques.

Puis, en se les appropriant, il les a faites à son image et à son usage : il leur a inoculé profondément l'esprit révolutionnaire. Et c'est ainsi qu'armé de ces trois leviers, le pouvoir sans limites, la centralisation poussée à l'extrême, l'oppression haineuse de l'Eglise, il a abordé la pratique du gouvernement.

IV

Serait-ce donc là une thèse aventureuse ou un système de fantaisie? Qui pourrait le prétendre à la lumière éclatante de l'histoire? Qu'a-t-elle à nous montrer depuis quatre-vingts ans, toutes les fois que l'esprit révolutionnaire a prévalu, si ce n'est la mise en œuvre du pouvoir absolu, de la dictature, du césarisme, l'invasion d'une race de proconsuls de haut et de bas étage pénétrant partout, s'emparant des postes élevés comme des emplois secondaires; envahissant les villes, les campagnes, les plus humbles bourgades; se plaçant partout au-dessus des lois ou les façonnant à leur usage, et réalisant, *per fas et nefas*, cet esprit de domination qui est l'esprit même de l'école révolutionnaire. Les exemples récents ne nous manquent pas.

Tout cela s'est fait, nous le savons, au nom du peuple, de son affranchissement, de sa souveraineté, comme aussi au nom de la liberté et de l'égalité.

Vaines et mensongères invocations! Et qui croit aujourd'hui que la révolution ait jamais pu être un instrument d'affranchissement pour le peuple et un moyen de progrès pour la liberté?

La souveraineté du peuple? Oui, il y a eu trop de jours dans l'histoire de nos révolutions, où la populace, cette lie du vrai peuple, a remonté des bas fonds de la société à la surface, et a exercé une réelle et souveraine puissance. On l'a vue à l'œuvre dans ces journées sinistres et à jamais néfastes qui restent la honte de la France et l'horreur de l'humanité, et dont le règne de la Commune de 1871 a été le monstrueux complément. Oui, il y a en trop souvent au sein de la capitale de la France, devenue en même temps maîtresse du pays et esclave de l'émeute, de ces mouvements populaires à la faveur desquels des minorités factieuses imposaient à la nation entière des révolutions qu'elle subissait en les détestant. Mais, en dehors même de ces orgies antisociales et de ces mouvements désordonnés au fond desquels se trouve toujours le mot d'ordre de quelques ambitieux, qu'a été entre les mains des hommes du pouvoir révolutionnaire le principe de cette souveraineté du peuple proclamée absolue et irrésponsable, si ce n'est le levier de la domination illimitée qu'ils prétendaient exercer en son nom?

Et c'est ainsi que la France a vu se succéder ces souverains de la Convention qui, tout-puissants la veille, périssaient le lendemain sur l'échafaud où, maîtres de la vie et de la mort, ils avaient envoyé tant de victimes. C'est ainsi qu'est né le premier empire avec son césarisme écrasant. Et, pour ne s'arrêter qu'en passant au second empire, où les prérogatives du pouvoir personnel n'avaient pour contre-poids que la responsabilité illusoire du chef de l'État devant cette souveraineté populaire dont il se regardait comme l'incarnation, n'est-ce pas de cette source féconde en renversements et en usurpations qu'a surgi toute cette génération de sauveurs qui tour à tour et à l'envi ont compromis les destinées de la France? Nous avons vu les derniers à l'œuvre : nous les avons vus exploitant au profit de leurs ambitions avides les malheurs d'une guerre désastrueuse et le fléau de l'invasion. Et alors que le pays, repoussant avec horreur les complications coupables de la guerre civile, ajoutait à tous les sacrifices et à tous les dévouements de son patriotisme le mérite de sa soumission volontaire aux hommes qui s'étaient imposés à lui, nous avons vu ces hommes le récompenser de tant d'abnégation en faisant table rase de ce qui lui restait d'institutions régulières pour y substituer le régime de la plus insultante dictature ; et cela pour arriver à ce lamentable résultat de doubler la mesure de nos désastres en y ajoutant comme complément la guerre civile et la guerre sociale.

Que le peuple l'apprenne enfin, la souveraineté qu'on prétend lui donner, c'est celle qu'on lui prend. C'est l'instrument de l'oppression et de la tyrannie dont les ambitieux le rendent victime.

V

La révolution a un autre principe dont elle est fière et qu'elle invoque comme son plus beau triomphe et son plus grand bienfait en faveur de l'humanité : c'est l'égalité.

Qu'a-t-il été entre ses mains, si ce n'est encore un moyen de domination et d'asservissement ?

Oui, toutes les hiérarchies sociales ont disparu ; le niveau légal a passé sur toutes les situations ; tout ce qui vivait d'une vie collective et privilégiée a été supprimé ; il y avait des groupes d'intérêts ; ils étaient un élément de force sociale et nationale, et en même temps un contre-poids du pouvoir central : on y a introduit une force de séparation et d'isolement. Le droit d'association, ce droit primitif qui avait été l'âme de la société ancienne, a été frappé d'interdiction. Ce qu'il fallait réaliser, c'était l'égalité de l'impuissance. L'individualisme en a été l'instrument efficace. Il a fait de la société comme une table rase où le citoyen, réduit à sa faiblesse personnelle, s'est trouvé placé sans défense, sans point d'appui, vis-à-vis du pouvoir. Et alors, sous prétexte de tutelle, car la révolution est hypocrite, l'État a enveloppé dans un vaste système d'absorption l'individu, la famille, leurs droits les plus sacrés. Et pour compléter, en l'assurant, cette œuvre de spoliation et de servitude, il s'est adressé à cette savante machine de la centralisation, dont l'action puissante, broyant toutes les volontés privées et collectives, condensait en elle-même la société tout entière.

Telle est l'égalité que la révolution nous a faite, l'égalité des grains de sable. Et lorsque à cette poussière humaine elle a dit : « Lève-toi : tu es, de par l'égalité, le peuple souverain, le suffrage universel t'appartient et nulle domination ne doit surmonter la tienne », elle savait trop bien que, comme Éole, elle tenait entre les mains les outres remplies de vent et qu'il lui suffisait de les ouvrir sur cette poussière pour la diriger. Elle les ouvrait soit par les mains de l'État, son séide ou son vassal, soit par les mains des sociétés secrètes, ses auxiliaires naturels. Car le droit d'association interdit à tous, la révolution se l'est toujours réservé : il a été son privilége mystérieux et terrible, et l'on sait jusqu'à quelles redoutables limites elle en a étendu l'application.

On le voit, pour la révolution, le mot de Tacite est d'hier : *Omnia pro dominatione.*

VI

Mais là où la lutte, en vue de la domination absolue, devient formidable de la part de la révolution, c'est sur le terrain religieux, sur le terrain de la liberté de l'Église : c'est le duel à mort. L'Église a une parole qui provoque incessamment les colères et les haines de la révolution. Cette parole est celle-ci : « Il vaut mieux obéir à Dieu qu'aux hommes. » C'est la proclamation du règne de Dieu sur la terre : la révolution n'y veut d'autre règne que le sien. Aussi, lorsqu'elle le peut, elle supprime l'Église, elle la spolie, elle confisque ses temples, elle tue ses prêtres.

Et lorsque à la suite des temps de violences, de crimes et d'anarchie, la société fait quelque effort pour retrouver un peu d'équilibre et d'ordre; lorsque le sentiment du droit, réagissant et la main de Dieu aidant, il se produit une certaine période d'accalmie sociale et politique ; que la révolution enfin n'a plus la liberté entière de ses fureurs, elle change d'attitude : elle se fait doctrinale ; elle emprunte ses armes à l'histoire ; elle invoque contre l'indépendance spirituelle de l'Église les traditions de l'ancienne monarchie : elle devient gallicane : elle se place sur le terrain du Concordat, pourvu que le Concordat se renferme dans l'esprit des articles organiques, qui en sont l'altération et la négation. Elle défend les droits de l'État contre les empiétements du pouvoir religieux. Elle tient en haute estime l'appel comme d'abus; l'institution du conseil d'État lui plaît surtout à ce titre. Elle se montre d'ailleurs pleine de déférence pour l'Église et toute prête à la protéger, pourvu que l'Église reste à sa place, c'est-à-dire dans la main et la subordination de l'État. Elle ne tue plus les prêtres ; il en est même qu'elle entoure de ses sympathies, ce sont ceux qui font acte d'indépendance et de révolte contre l'autorité spirituelle. Elle les méprise peut-être, mais elle les signale comme des martyrs glorieux et des exemples à imiter.

Puis, à titre de progrès, sous l'apparence menteuse du respect pour l'indépendance de l'Église et du dévouement à ses intérêts, la révolution la convie ainsi que l'État à accomplir l'œuvre de leur séparation absolue, de manière à faire cesser, pour l'un et pour l'autre, de gênantes entraves. Et au nom de cette séparation salutaire, de ce contrat d'affranchissement réciproque dont la suppression du budget des cultes, c'est-à-dire une seconde spoliation du clergé catholique, serait une condition nécessaire, elle réclame, à titre de conséquence, qu'il n'y ait plus rien de commun entre la religion et l'État devenu exclusivement laïque ; qu'il se fasse ainsi, par une simple déduction logique, un gouvernement sans Dieu, une législation sans Dieu, un enseignement sans Dieu. Mais la révolution est tolérante, qui ne le sait? Cet enseignement que l'État seul aura le droit et le devoir de donner et que tous auront à recevoir à titre obligatoire, elle ne s'opposera pas à ce qu'il ait son complément au sein de la famille, où les parents resteront maîtres de distribuer à leurs enfants l'instruction religieuse. Telle sera la place réservée à la vérité divine et à son expansion dans le domaine de la liberté de conscience. Ce domaine, on le restreindra d'un côté, mais on l'élargira de l'autre : on y fera entrer l'athéisme perdant son caractère de crime social, passant à l'état de religion et trouvant dans une sorte de consécration légale son droit d'existence et de propagation.

Tels sont les efforts incessants de violence et de ruse que l'esprit révolutionnaire dirige contre l'Église catholique ; il en poursuit la ruine parce qu'elle est la puissance qu'il redoute et que, dès lors, il déteste le plus. Elle est, à ses yeux, une usurpation criminelle. Est-ce que tout ne doit pas appartenir au pouvoir de l'homme, tel que, sous le nom de l'État, l'a imaginé la révolution? Tout, non pas seulement les corps et les biens, mais les âmes, les consciences, les volontés : « Les enfants, disait Danton, appartiennent à la république avant d'appartenir à la famille. » « La propriété est le vol; Dieu est le mal », disait Proudhon qui, pour compléter l'ensemble de son système, faisait de « l'*an-archie*, l'idéal du gouvernement. » « Si Dieu descendait sur la terre, disait Raoul Rigault, je le ferais fusiller. » Voyez-vous cette chaîne de doctrines atroces et d'atroces démences, se prolonger, sans rupture, à travers les temps, et unir, par un lien effroyable, la Commune de 1793 à la Commune de 1871?

Tel est l'esprit révolutionnaire qui plane depuis quatre-vingts ans sur la France et dont, par une étrange contradiction, la France, à la fois victime et complice, redoute les doctrines et subit la séduction.

VII

Oui, et c'est à cette contradition des esprits qu'il faut demander l'explication de ce phénomène d'impuissance dont nous recherchons les causes et qui place, à ce moment, la France de Charlemagne, de S. Louis et de Henri IV, la grande France monarchique de quatorze siècles, dans l'impossibilité de vouloir et de constituer un gouvernement digne d'elle et de ses nobles traditions.

L'impuissance? Et quelle en est la cause ?

C'est que l'esprit révolutionnaire a mis une persévérance et un art satanique à poursuivre et, dans une grande mesure, à réaliser deux œuvres de destruction sociale : la corruption des esprits, l'inertie et l'affaissement des volontés.

On ne saurait le nier, la révolution s'est montrée au monde avec une incontestable puissance de séduction. Où l'a-t-elle puisée? A cet égard, elle n'a rien innové. Elle a regardé en arrière : elle a remonté à l'origine des temps, et là elle a rencontré une parole de tentation suprême : elle l'a faite sienne et elle l'a jetée aux hommes en leur disant : « Vous serez comme des dieux. »

Cette parole ne tombe jamais impunément dans le cœur de l'homme. Elle y trouve, pour s'abriter, ce coin mystérieux où, avec un orgueil toujours incomplétement dompté, se cache l'esprit de révolte.

La révolution a été un appel à l'esprit de révolte contre l'autorité, c'est-à-dire contre Dieu, principe de tous les pouvoirs, source et règle de tous les droits. Cette souveraineté suprême d'où découle la dignité humaine, la révolution lui a jeté ouvertement ses négations : *non serviam*. Puis, invoquant à son tour et à sa manière la grandeur de l'homme, elle a promis de le soustraire à cette double loi de la déchéance et de l'épreuve qui pèse sur lui : et, proclamant le dogme du progrès indéfini, elle a ouvert à l'humanité des perspectives de puissance sans frein et de prospérité sans limites. L'Évangile avait montré la béatitude du ciel comme l'immortelle vocation de l'homme : c'est sur cette terre même que la révolution a prétendu faire descendre la plénitude du bonheur. A elle de dire : Venez à moi, vous tous qui avez soif de la justice, de la vérité, de l'égalité ; « Venez à moi les déshérités, les meurtris, les martyrs d'une société qui s'est faite cruelle et marâtre : j'ai ravi au génie de l'humanité le secret de vous relever, de vous faire retrouver votre part légitime d'un héritage inconnu où tous peuvent venir puiser à pleines mains. »

Eh bien ! ce langage répété chaque jour avec une audace et une persévérance infatigables, sous toutes les formes, par une foule de voix, par l'organe de la philosophie, de la littérature, de la politique ; ce langage séduisant qui annonce une ère nouvelle de grandeur au genre humain, qui offre une satisfaction si complète à ses convoitises secrètes, et qui fait apparaître une proie de félicité terrestre si prochaine et si facile à saisir, combien n'a-t-il pas eu et n'a-t-il pas encore de complicités inconscientes ! Qui ne se l'approprie, dans une certaine mesure et à certaines heures, et ne mêle, à quelque degré ces aspirations dangereuses et chimériques aux vérités antiques, aux traditions vénérables, aux convictions fondamentales dont on se garderait de se séparer, mais dont on se croit autorisé à tempérer l'inflexible rigueur et à redresser les prétendues exagérations ? Qui n'en conserve quelque chose de défiant et d'agressif contre l'autorité, et n'y trouve une raison de la diminuer au profit de son indépendance propre ?

Et puis, s'est-on dit, la révolution n'a-t-elle pas réalisé une partie de son programme ? Ce règne du progrès indéfini est-il complétement une chimère ? Est-ce qu'il est possible de protester contre ces merveilles matérielles du siècle, qui en rendent un si éclatant témoignage ? Est-ce que, dans ce domaine, la puissance de l'homme ne s'est pas manifestement accrue dans une mesure dont on ne saurait assigner la limite ?

Et c'est ainsi que chacun, portant à ses lèvres la coupe empoisonnée, le culte de la richesse a été inauguré. La société s'est trouvée livrée à un débordement de désirs et de convoitises ; les grandes maximes de la modération, de la continence, du retranchement, de l'esprit de sacrifice, n'ont plus rencontré de digues ; le principal but à atteindre n'a plus été la dignité et la grandeur morale, mais l'habileté et le succès.

Ce qui s'est fait d'abaissements en haut, de perversités en bas, de misères et de dégradations partout, dans cette atmosphère ainsi viciée, il n'y a pas à s'y arrêter : c'est l'histoire de nos jours. Dieu a permis qu'elle se montrât à nu. L'humanité n'a pas assez de tristesses et de hontes pour les jeter à la face de ces mœurs ignominieuses que l'on a vues sans voiles et qui ont si lamentablement constaté à quel niveau le sens moral de la société était descendu.

Ainsi s'est faite la corruption des esprits. Le désordre des convoitises et le désordre des idées ont ébranlé toute vérité et toute conviction. Les intelligences et les consciences n'ont plus vécu que d'ombres et d'incertitudes. Au terrain ferme de la croyance antique s'est substitué le terrain mobile et glissant des illusions révolutionnaires. Entre le bien et le mal, la vérité et l'erreur, l'ordre et le désordre, entre la fidélité loyale et la désertion, s'est trouvé un terme moyen, un juste milieu où toutes les défaillances se sont donné rendez-vous. Là se sont rencontrés, à toutes les époques, ces partis intermédiaires qui, sous prétexte de modération, de sagesse et d'impartialité, ont fait de la révolution mitigée pour devenir bientôt, sans s'en douter, les auxiliaires et l'appoint de la révolution extrême (1).

---

(1) A l'appui de cette vérité pratique de l'attraction révolutionnaire, nous croyons utile de reproduire ici la lettre écrite en 1868 par le citoyen Testelin au citoyen Delescluze. Jamais révélation plus curieuse et plus instructive n'a été produite sur les procédés intimes de la Révolution et sur son mépris du peuple.

« Mon cher Delescluze,

« Je trouve chez moi à la date du 30 mai une lettre de vous. Ce jour-là même je partais pour la Hollande, et ce n'est qu'à mon retour que j'ai pu vous lire ; ceci vous expliquera le retard de ma réponse ; cependant j'aurais pu vous répondre quelques jours plus tôt, n'était le combat qui s'opère dans mon esprit. Vous savez combien j'estime votre caractère et votre talent, tous deux éprouvés par de longues années de lutte. Je suis troublé en constatant combien nous différons d'avis. L'union libé-

Et alors s'est ouverte l'ère des gouvernements éphémères, toujours acclamés et toujours impossibles qui, sortis du sein de la révolution, animés de son esprit, portant en eux un germe de mort, allaient d'eux-mêmes au suicide.

Et lorsqu'un jour il en fut autrement et que la Providence fit sortir de nos épreuves un gouvernement réparateur, l'esprit révolutionnaire, impuissant à créer, mais habile à renverser, se trouva là avec son habileté destructive. Et, faisant appel à toutes ces défaillances qu'il avait depuis longtemps semées dans les esprits, les consciences et les cœurs, il en fit, avec le poignard de Louvel, les complices de ses attaques contre ce gouvernement qui, en peu d'années, à la suite d'une double invasion, avait donné au pays, rendu tout entier à lui-même, la paix et la prospérité au dedans, l'influence et la grandeur au dehors. Il tomba; et l'on sait comment la date des journées de juillet 1830 engendra ces autres dates funestes, celles de février 1848, du 2 décembre 1851, du 4 septembre 1870, du 18 mars 1871, sans que

rale! quoi! voulez-vous la combattre? mais je l'appelle de tous mes vœux, *je la chauffe, je la fomente autant que me le permettent mes faibles moyens.*

« Toute l'histoire moderne démontre que tant qu'il n'y a que des partis extrêmes, les gouvernements qu'ils attaquent ont peu à redouter. Il n'en est plus de même lorsque surviennent *les tiers-partis qui tentent toujours de concilier l'eau et le feu et marchent droit au gâchis.* De nos jours, *la masse des électeurs est essentiellement ignorante, bête et absurde.* Or, comme à son point de vue le gouvernement est dans la logique et que l'opposition extrême est la logique même, la masse ne peut manquer d'aller au tiers-parti. Or, comme ceux-ci ont toute l'impuissance que donne l'illogisme, ils finissent par se fâcher de ne pouvoir arriver à rien. *C'est le moment pour le parti extrême d'entrer en scène et d'effectuer la révolution préparée par les autres.* Exemples : la fraction agit en 1830 votant l'adresse des 221; Odilon Barrot et les siens en 1847 organisant les banquets; les républicains modérés organisant la rue de Poitiers, d'où est sortie l'élection de Louis Bonaparte.

« Enfin... à bientôt, j'espère, le quatrième exemple.

« Avec de pareilles idées que je prêche à nos amis, comment voulez-vous que je me joigne à votre entreprise qui marche dans une voie toute contraire? Ce serait en vérité ôter tout crédit à mes paroles. Voilà pour moi; quant aux autres, par suite de circonstances locales, les fonds sont rares. Cependant, comme je l'ai dit à Quentin, en faisant des visites pressantes auprès de quelques-uns, peut-être obtiendrait-on quelques signatures pour une action. Mais le jeu n'en vaudrait pas la chandelle ; *j'ai tâté le terrain, et naturellement je n'ai pas exposé les théories que je vous donne ici tout crûment.*

« Je ne doute pas que, connaissant votre intrépidité, quelques-uns ne vous poussent en avant et ne vous fournissent les plus belles promesses, mais je les attends à la réalisation.

« Je regrette, mon cher ami, que nous ne soyons pas d'accord dans cette occasion; mais j'espère qu'il s'en présentera d'autres où nous aurons l'occasion de combattre encore côte à côte.

« Je vous serre cordialement la main.

A. Testelin.

« 10 juin 1868. »

l'on puisse savoir, à l'heure qu'il est, où s'arrêtera cette génération féconde et néfaste.

Ce spectacle lamentable a-t-il guéri les esprits? On peut en douter. Mais il les a lassés. Tant d'essais et d'expédients, n'aboutissant qu'à des ébranlements et des ruines, ont produit le découragement et l'indifférence.

En face d'un provisoire qui n'est que l'anarchie à peine déguisée, on recule devant de nouvelles tentatives : on laisse le terrain libre aux ambitieux et aux intrigants. Dans un sentiment d'impuissance irrémédiable à rien créer de stable, on laisse tomber de ses mains les armes mêmes auxquelles on pourrait demander le combat et le succès. Mais le succès, on ne sait lequel il faut poursuivre. Et de là cette inertie des volontés, l'un des plus tristes symptômes des temps où nous vivons : inertie qui a pour singulier résultat, au sein d'un ordre politique fondé tout entier sur le droit absolu des majorités, de donner la toute puissance à des minorités aussi actives que dangereuses. En réalité le règne de la révolution est toujours celui des minorités.

Faut-il rappeler ici la part qui doit être faite, dans le mal que nous signalons, à ce joug énervant de la centralisation dont la révolution, née césarienne, a su faire un si habile et si détestable usage au profit de l'absolutisme du pouvoir central? Là s'est trouvée l'action qui a éteint, avec la spontanéité humaine dans la sphère politique, l'énergie, le dévouement et jusqu'à l'intelligence du citoyen. Sous ce régime funeste le citoyen a disparu ; l'individu seul est resté ; et pour le dédommager des nobles prérogatives qui lui étaient enlevées, on lui a dit : « Enrichissez-vous. »

VIII

Cette aberration des esprits et cette léthargie des volontés, devenues comme une maladie morale d'une nature endémique, sont-elles donc sans retour ?

A Dieu ne plaise qu'il y ait à le prétendre et qu'on puisse méconnaître que, plus d'une fois, la vitalité du pays se soit réveillée sous la commotion électrique de ces grands coups que la Providence a si souvent frappés, comme si elle ne pouvait se lasser de rappeler à ses grandes et glorieuses destinées cette nation fran-

çaise qui lui est particulièrement chère, parce qu'elle a été entre
ses mains l'un des plus puissants instruments de la civilisation
chrétienne.

Oui, il y a eu des moments solennels où cette noble France,
courbée sous la main de la révolution et prise d'indignation et
d'horreur contre les hontes et les excès dont elle l'avait souillée,
s'est redressée fièrement dans le souvenir de ses anciennes
traditions et a fait un généreux effort pour se retrouver elle-
même.

Oui, et malgré tout, cette France qu'on a voulu séparer de son
passé, ne l'a pas oublié. Il vit dans ses impérissables instincts :
il y a là des racines vivaces qui sans cesse tendent à une fécondité
renaissante.

Assurément, personne ne saurait nier que le grand mouvement
électoral du 8 février 1871 ne fût inspiré par une de ces réactions
salutaires. Jamais manifestation plus énergique et plus unanime
ne s'est accentuée, d'une part, contre la république qui restera
toujours dans notre pays le terrain où la révolution exercera ou
préparera son empire : et, d'une autre part, en faveur d'un sérieux retour à l'ordre dont la condition politique ne saurait être
que la monarchie héréditaire, entourée de ces institutions protec-
trices dont les cahiers des États avaient indiqué les bases essen-
tielles, assurant au pays sa part d'intervention légitime et nécessaire.

Oui, à la suite du réveil du pays et alors qu'il avait produit
cette représentation si véritablement nationale que, à cause de
ce caractère même, la révolution ne cesse de poursuivre de ses
colères et de ses haines, tout était possible pour replacer la France
dans les conditions de son existence normale appuyée sur l'union
de toutes les volontés et de tous concours. A ce moment où le gouvernement du 4 septembre, par son incapacité, ses désordres, ses
excès de pouvoir, ses démences d'illégalité et de dictature, avait
appelé sur lui le poids écrasant de l'indignation publique et avait
marqué la révolution d'un nouveau stigmate de honte, la mon-
trant une fois de plus avec son double caractère de tyrannie et
de licence, si un homme armé à la fois de volonté et de pouvoir et
profitant du besoin de sécurité morale et sociale qui éclatait de
toutes part, fût allé tout droit à l'esprit révolutionnaire, l'arrêtant
dans ses excès et l'attaquant dans son principe, une grande œuvre
eût été possible, celle de rendre au pays, avec ses libertés

2

et traditions retrouvées, la stabilité, la dignité, le repos. Cet homme ne s'est pas trouvé.

Celui qu'appelaient à cette mission les espérances et les suffrages de la nation n'en a pas eu la volonté. On peut dire aujourd'hui plus que jamais qu'il a eu la volonté contraire.

IX

Nous entrons ici dans l'actualité des faits, où il est toujours difficile d'apporter une entière impartialité. C'est cependant avec la volonté absolue d'y rester fidèle que nous nous hasardons à parler de M. Thiers.

Lorsqu'on a eu l'honneur de le connaître, il est impossible de ne pas conserver de ses relations avec lui un souvenir et une impression qui le protégent contre une sévérité injuste. On serait plutôt disposé à une faiblesse d'indulgence et de sympathie qui trouverait sa justification facile dans tout ce qui distingue cet homme éminent, envers qui la nature a été prodigue de ses dons les plus rares.

En lui se rencontrent des séductions de tout genre. C'est une intelligence claire, étendue, lucide, pénétrante ; c'est une érudition sinon profonde, au moins vaste et ingénieuse, qui se dépense avec une largesse exempte de pédantisme dans une conversation où chaque parole scintille en même temps de simplicité et d'esprit. C'est la lumière jetée, à pleines mains, sur les sujets les plus divers et les plus arides, et les rendant tellement accessibles à toutes les intelligences que chacun peut se croire une part à ce savoir merveilleux. C'est l'art d'emprunter, et, plus souvent encore, de paraître emprunter aux autres une partie de leur valeur propre et de les agrandir ainsi à leurs yeux. C'est en outre une amabilité soutenue, un abord facile, une bienveillance pleine d'attraction, bien qu'elle soit peut-être un peu banale et qu'elle distingue peu entre les hommes, comme si les hommes n'avaient qu'une valeur d'usage et qu'il s'imposât de les gagner tous pour pouvoir au besoin se servir de chacun. Comme trait analogue de caractère, c'est, nonobstant une vive impatience à supporter les contradictions, l'absence de tout ressentiment durable et la facilité d'oublier les antagonismes et les griefs. Non, ce n'est pas à M. Thiers qu'on pourrait appliquer l'hémistiche de Virgile :

. . . . Manet alta mente repostum.

Son âme n'a pas de ces sombres profondeurs où le ressentiment fermente et allume les haines implacables.

Mais, et c'est ici que les éloges peuvent commencer à fléchir, elle n'a pas non plus les hauteurs où se plaisent les grandes pensées, celles qui viennent du cœur. Elle ne s'élève pas à ces nobles et fortes passions qui s'emparent de l'humanité et la relèvent. C'est moins d'ailleurs par l'âme et le cœur que vit M. Thiers que par l'esprit. C'est avant tout une intelligence, et elle a ces deux caractères contradictoires d'être en même temps bornée et presque sans limites : bornée, quant à la région où elle s'est renfermée; mais, dans cette région, ne trouvant rien qui échappe à sa perspicacité et à son esprit d'investigation pénétrante (1).

L'école à laquelle appartient M. Thiers, si on veut la désigner par un mot, c'est l'école utilitaire. Son génie, si cette expression peut être employée à son égard, est surtout de s'attacher aux côtés secondaires de l'utilité et de la grandeur sociale : c'est là qu'il ramène tout ce qui tend à dépasser le niveau de ce qu'on appelle les intérêts positifs. Il s'y renferme lors même qu'il met au service des plus nobles causes, de celles qu'intéressent les destinées immortelles de l'homme, son incomparable éloquence, telle que le monde entier l'a admirée dans les mémorables débats auxquels a donné lieu, sous l'empire, la question romaine (2).

____

(1) C'est aussi à M. Thiers qu'on a pu appliquer ce mot : « Il ira loin, mais il n'ira pas haut. »

(2) L'ordre d'idées de M. Thiers sur les religions en général, et sur la religion catholique en particulier, est connu. Il considère surtout les religions comme des institutions *nationales*, auxquelles, à ce titre, il faut donner une sérieuse importance, parce qu'elles sont un élément de la grandeur des peuples et de leur influence dans le monde. C'est à ce point de vue que, pour lui, le schisme grec est le levier religieux de la Russie, le protestantisme celui de l'Angleterre, et peut-être aujourd'hui de l'Allemagne unitaire, la religion catholique celui de la France. Cette manière d'envisager la question religieuse la fait sans doute descendre de ses hauteurs en la rabaissant au niveau de simples intérêts politiques, et semble justifier cette pensée de Henri Heine : « M. Thiers a toujours ignoré l'anneau qui rattache le naturel au surnaturel; » mais elle a son côté de vérité, et il est juste de dire que M. Thiers y a été toujours fortement attaché; nul plus que lui ne comprend que le catholicisme est une part essentielle de la nationalité française; il se plaît à appeler la religion catholique, la religion nationale, et, sous ce rapport, c'est avec une pleine conviction qu'il a combattu sous l'empire pour la question romaine. Cette conviction ne l'a pas aban-

C'est en se plaçant dans ce milieu un peu inférieur et parce que ce milieu est d'ailleurs celui du grand nombre, que M. Thiers a acquis à son talent et à son nom une si grande et légitime popularité. Il a fait à son usage une éloquence exempte de prétention oratoire, et qui cependant, puissante sur les esprits les plus élevés, l'est particulièrement sur les intelligences moyennes qu'atteignent sans effort la simplicité de l'expression et la vive lumière du bon sens. C'est ce qu'on pourrait appeler l'éloquence du sens commun, éloquence qui fait peut-être quelquefois une part trop grande aux banalités convenues et à la routine, mais qui va atteindre chacun dans l'intelligence de son intérêt, et dont le seul tort, tout en ayant sa vérité et sa moralité relatives, serait de tenir plus du calcul que d'une inspiration généreuse en s'adressant moins à la dignité de l'homme qu'à son bien-être et à son intérêt personnel.

C'est sous ces impressions et au souvenir de la lutte méritoire qu'il avait soutenue contre l'empire, à l'occasion surtout de cette guerre désastreuse dont il avait prédit les éventualités funestes, que M. Thiers, aux élections du 8 février, avait vu son élection proclamée dans vingt-six départements.

M. Thiers, l'adversaire énergique de l'empire, qui avait pu voir sa chute sans déplaisir, mais qui, au moins, n'avait pas participé à la curée du pouvoir, apparaissait comme l'expression la plus élevée du double sentiment qui remplissait le pays : la répulsion contre le régime impérial, la haine contre cette république violente et inepte qui avait essayé de s'imposer à la faveur des maux de la patrie.

La nomination multiple de M. Thiers était donc avant tout une protestation contre ce gouvernement de surprise; c'était, de la part de l'opinion publique, le témoignage de son retour à l'esprit conservateur ; mot bien large sans doute et qui renferme bien des nuances, mais qui contient aussi, dans son fond intime, la fidélité plus ou moins consciente du pays à ses anciennes traditions.

Affranchir ce malheureux pays de la révolution et des hommes

donné depuis qu'il est devenu le chef du gouvernement de la France, et il serait peu équitable, en tenant compte des difficultés de la situation, de méconnaître la bonne volonté de M. Thiers au regard des affaires de Rome. L'on peut même dire qu'à côté du calcul de l'homme d'État, il y a dans cette attitude un sentiment de déférence personnelle et de respectueuse sympathie pour le vénérable et illustre captif du Vatican. L'impartialité exige qu'il en soit tenu compte : c'est elle qui a dicté cette note. —
POVERINO

qui, dans les derniers temps, en avaient ressuscité les plus mauvaises pratiques, tel était le mandat essentiel que, dans le vote de vingt-six départements, M. Thiers avait reçu de la France tout entière.

Ce mandat, l'Assemblée nationale l'avait respecté et confirmé en nommant M. Thiers chef du pouvoir exécutif. A-t-il été rempli?

X

Question délicate sans doute, mais question qui s'impose.

Si, dans les circonstances où se trouvait le pays, M. Thiers n'était pour quelques-uns, moins bien disposés en sa faveur, que l'homme inévitable, il était pour le plus grand nombre l'homme nécessaire.

Il l'était aussi sans doute à ses propres yeux, et cette foi en lui-même, appuyée d'ailleurs sur tant de titres considérables, n'était peut-être pas pour lui de date récente. De tout temps M. Thiers s'est rendu justice : il a compris qu'il pouvait être le premier. Devenu président du conseil des ministres sous le gouvernement de Juillet, qui avait commencé sa grandeur et auquel il avait consacré ses talents, déjà cette position, si haute qu'elle fût, lui paraissait un peu étroite. L'on se souvient, à ce sujet, d'un mot du roi Louis-Philippe : « C'est singulier, disait le monarque, j'ai fait faire à côté de mon lit celui de M. Thiers, et je ne sais comment je le trouve toujours dans le mien (1). »

On a reproché à M. Thiers d'avoir, dans ces derniers temps, en présence des grands et suprêmes intérêts dont il pouvait être le médiateur pour le salut du pays, « préféré le premier rang au premier rôle (2) ». Préférer le premier rôle au premier rang, ce sont de ces grandeurs dont l'histoire montre peu d'exemples. C'était peut-être demander beaucoup à la nature de M. Thiers, et nous aurons occasion d'y revenir. Ce n'est certainement pas le calomnier que de lui prêter la pensée qu'il se croyait le seul homme capable de suffire aux difficultés d'une situation redoutable; que, dans cette conviction de sa nécessité, l'ambition pût

(1) On a cité cet autre mot de la mère de M. Thiers : « Laissez faire Adolphe : « si on lui permet de se mettre derrière la voiture, il sera bien vite dedans. »
(2) Mot de M. de Falloux.

avoir sa part, il y avait aussi la part méritoire et non moins réelle du patriotisme. Et lorsque ces deux parts se touchent de si près, on peut se donner la satisfaction de les confondre dans ce qu'il y a de meilleur.

Reste la responsabilité de ceux qui acceptent ou qui prennent le premier rang.

Nous l'avons dit, la mission de M. Thiers était manifeste. C'était pour le pays la répudiation commune de l'empire et de cette république subrepticement imposée qui, l'un et l'autre, créations de l'esprit révolutionnaire, en avaient montré une fois de plus les influences détestables et les résultats néfastes.

Après de si funestes ébranlements qui avaient mis en question l'existence même de la France, ce qu'elle demandait avec instance, du fond de ses désolations, c'était l'ordre, l'ordre tout entier, non pas seulement l'ordre matériel qui cache souvent des plaies si profondes, mais aussi, et parce que ces plaies s'étaient révélées, l'ordre moral, où seul elles pouvaient trouver leur remède efficace. C'était là le premier besoin, le besoin impérieux d'une nation fière qui sentait que si elle avait été humiliée, c'est qu'elle avait préparé elle-même ses abaissements. Ce qu'elle voulait avant tout, c'était de se relever dans le sentiment de sa dignité retrouvée.

Ce magnifique programme, faut-il le dire? M. Thiers l'a trouvé trop grand pour sa taille d'homme d'Etat. Il l'a réduit de tout ce qui dépassait le niveau des réparations matérielles. Il a borné sa mission à ces trois intérêts : la libération du territoire, le rétablissement des finances et la reconstitution de l'armée ; œuvres, la première sacrée, et toutes tellement nécessaires qu'aucun gouvernement digne de ce nom n'eût pu s'y soustraire et n'eût consacré d'énergiques efforts à leur accomplissement.

L'armée et les finances sont, pour M. Thiers, le pivot essentiel de la grandeur des peuples. Ce sont là, en effet, des intérêts fondamentaux auxquels, en oubliant la part à faire à la critique, il faut le louer d'avoir appliqué ses lumières, son zèle et son dévouement. Mais, à côté, sinon au-dessus de cette régénération matérielle, il y avait la régénération morale, sociale et politique de la France. Comment M. Thiers en a-t-il compris les conditions?

Son premier acte, comme chef du pouvoir exécutif, est de se mettre au-dessus de la réprobation dont l'opinion publique couvrait les hommes du 4 septembre. Bien loin de les répudier et de donner à la conscience du pays la satisfaction qu'elle réclamait, il les adopte, il se les associe; il donne au gouvernement de MM. Jules Favre, Crémieux, Gambetta et consorts une sorte de consécration posthume. Les préfets, les sous-préfets, les magistrats de tous grades nés de ce régime sont les fonctionnaires légitimes dont il faut respecter les titres de possession. En réalité, c'est la révolution qui prend place officiellement dans le gouvernement nouveau qu'inaugure M. Thiers.

Comment expliquer une conduite en contradiction si manifeste avec les aspirations du pays?

Faut-il, pour en saisir les causes, pénétrer d'une manière plus intime dans le caractère de M. Thiers?

XI

A ce point de vue, il y aurait d'abord à se rappeler le portrait que faisait de lui, sous la monarchie de Juillet, un fin observateur et un habile écrivain (1). On y trouvait les lignes suivantes :

..... «Sceptique par insouciance en morale, en religion, en politique, en littérature, il n'y a pas de vérités qui touchent profondément M. Thiers.

Et plus loin :

«Les principes font seuls les révolutions et les révolutionnaires. Les principes font seuls les monarchies, les aristocraties, la république, les Chambres. Les principes font seuls la morale et la religion, la paix et la guerre. Les principes mènent le monde.

«A la vérité, M. Thiers affirme qu'il n'y a pas de principes. C'est-à-dire que lui, M. Thiers, n'en a pas, voilà tout (1) ! »

Telle est donc une première infirmité qu'il y aurait à porter en compte. M. Thiers a des opinions plus que des principes : et il s'en faut que, malgré leur ténacité sur certains points, ses opi-

____

(1) Timon (vicomte de Cormenin).

(2) On a cité de M. Thiers un mot qui, s'il n'est pas authentique, ne manque cependant pas de vraisemblance. Parcourant les galeries de Versailles, il s'arrête devant le portrait de Frédéric II, et, après l'avoir considéré un moment : « C'était un fier gredin, » dit-il.....; puis, se reprenant, il ajoute : « Après tout j'aime mieux les qualités que les vertus. »

nions aient toujours la fixité pratique qu'on pourrait leur demander.

S'il fallait le prouver, les exemples ne manqueraient pas. Chef d'un gouvernement qui, par son caractère, son origine et ses conditions légales, aurait dû être avant tout un gouvernement *parlementaire*, M. Thiers n'a-t-il pas, pour ainsi dire, donné chaque jour un démenti aux principes qu'il a lui-même si souvent proclamés comme l'essence même de ce genre de gouvernement?

Ainsi, du temps de la monarchie de Juillet, M. Thiers avait inventé la maxime : « Le roi règne et ne gouverne pas. » C'est alors que florissaient le principe de la responsabilité ministérielle et la doctrine en vertu de laquelle le pouvoir avait l'obligation de prendre ses ministres dans la majorité et de gouverner avec elle.

Que sont devenus dans le régime inauguré par M. Thiers ces préceptes sacrosaints?

Tout est changé : on a mis le cœur à droite. Malgré la souveraineté de l'Assemblée, pour laquelle il affecte un grand respect théorique, M. Thiers sait s'arranger pour régner et gouverner.

De responsabilité ministérielle, il n'en existe pas. Car le chef du cabinet, celui qui le représente, le résume et l'absorbe, c'est M. Thiers lui-même, plaçant comme rempart à son renversement là menace d'une crise redoutable.

Et quant au règne des majorités parlementaires, où en était devenue, à cet égard, la majorité de l'Assemblée? Quelle était son influence sur la composition du ministère qui se faisait sans elle et souvent contre elle; sur le choix de certains ambassadeurs qu'elle regardait comme peu propres à représenter la France; sur le personnel des hauts fonctionnaires de l'administration et de la magistrature dont l'ensemble constituait le plus déplorable système de promiscuité politique? Que devenait enfin cette majorité, alors que M. Thiers inaugurait à son propre usage une vérité parlementaire nouvelle, à savoir, que ce n'est pas dans les majorités, mais dans les minorités, qu'un gouvernement intelligent doit chercher son point d'appui (1)?

---

(1) Rien ne saurait donner une idée plus frappante des contradictions dont M. Thiers donne si souvent l'exemple dans sa conduite et ses paroles, que d'opposer à son attitude comme chef du pouvoir exécutif celle qu'il avait en 1850, époque où,

XII

Ici se révèle peut-être le secret d'une autre infirmité dont
M. Thiers ne saurait se départir, c'est de tomber du côté où il incline. Or il incline à gauche : c'est la tendance de sa vie entière.
Il a commencé sa carrière politique en mettant la main au renversement de l'ancienne monarchie restaurée et réformée. Ce sont
de ces prémisses qui engagent et qui lient. M. Thiers appartient
à l'école fataliste : il a toujours regardé la révolution comme une

à bien des égards, la situation politique ressemblait à celle qui nous était faite avant
le 24 mai.

Voici un extrait du discours éloquent que cette situation inspirait à M. Thiers, à
la séance du 17 janvier 1851 :

« Oui, Messieurs, dit-il en commençant, nous avons essayé de faire une majorité,
nous avons essayé de la fonder, non pas sur l'oubli des souvenirs, il faudrait effacer
le cœur humain pour effacer les souvenirs, mais sur l'oubli de nos préférences indi-
viduelles, pour incliner tous nos têtes devant la loi.....

« Spectacle inouï, je commence à être vieux dans la carrière parlementaire et politique, eh bien! *je n'avais pas encore vu le pouvoir accusant la majorité.....* Ce
singulier spectacle *d'une majorité toujours attaquée par les organes du pouvoir.*

« Vous ne rêvez rien contre l'Assemblée ; je le crois, car l'Assemblée ne vous a
pas résisté. Nous verrons quand elle vous résistera. Jusque-là, je conserve mes
doutes..... Vous voulez que l'Assemblée cède, sans quoi le pouvoir exécutif sera hu-
milié, dites-vous. C'est au pouvoir qui a entrepris sur l'autre à reculer ; ce sera un
désagrément pour lui ; mais, si le pouvoir sur lequel on a entrepris reculait, il serait
perdu. — Il y a aujourd'hui deux pouvoirs dans l'Etat : le pouvoir exécutif et le pouvoir législatif. *Si l'Assemblée cède aujourd'hui, il n'y en a plus qu'un.* Quand il n'y
en aura plus qu'un, la forme du gouvernement sera changée. Les mots, les formes
viendront quand elles voudront, cela m'importe peu : le mot viendra quand il vou-
dra, l'empire est fait! »

Abordant ensuite la question, M. Thiers ajoutait :

« Notre troisième raison, vous le dirai-je|? pardonnez-le à des hommes qui ont
passé vingt ans dans les assemblées, et qui, malgré les profondes douleurs que depuis trois années ils ont éprouvées, *ne sont pas encore dégoûtés du gouvernement
représentatif;* notre troisième raison de chagrin, c'était de trouver dans le message
une somme d'omnipotence, il faut le dire, qui nous prouvait que si les descendants
de Napoléon se sont familiarisés avec les idées républicaines, ils ne s'étaient pas familiarisés encore avec les idées du gouvernement représentatif. (Très-bien! Rires)...

« Vous pensez *qu'il suffit que des ministres aient la confiance du Président de la
République, du Président seul. Nous aurions pu leur prouver que dès qu'il y a une
Assemblée, quel que soit le pouvoir, il faut avoir la confiance de l'Assemblée de-
vant laquelle on a l'honneur de le représenter.* »

M. Thiers montrait, en ces termes, les résultats de cette politique :

« Cette politique toute personnelle, elle a bientôt porté ses fruits. Savez-vous ce
qui est arrivé? Ce qui arrive toujours quand le pouvoir n'est point aussi fortement
représenté qu'il pourrait l'être : *les esprits n'étant pas dirigés, ils tombent dans le
vague, et du vague ils vont bientôt à l'aigreur.* Cet état des esprits s'est révélé, savez-vous quand ? *Dans les élections, dans les élections qui ont si justement alarmé
la France, non pas pour les deux collègues qu'elles nous ont donnés,* MAIS SURTOUT
POUR LES OPINIONS AU NOM DESQUELLES ELLES SEMBLAIENT ÊTRE FAITES. »

nécessité et un progrès. Il est né avec elle, il a grandi avec elle, il a de ce côté des attaches invincibles. Devenu l'homme de la royauté de Juillet, il faisait ses réserves. Il adoptait le roi Louis-Philippe non pas *parce que* mais *quoique* Bourbon. Dans les intermittences de sa vie ministérielle, il rentrait dans les rangs de la gauche, et, ainsi qu'il le disait dans un pittoresque langage, « il attachait sa barque aux promontoires les plus élevés, attendant que les flots vinssent la soulever. » C'est dans un de ces moments, peu de temps avant que le flot révolutionnaire de 1848, bien peu attendu, fît irruption, qu'à l'occasion de la question du *Sunderbund*, il faisait à la tribune de la Chambre des députés la déclaration suivante :

« Mais entendez bien mon sentiment : je suis du parti de la révolution tant en France qu'en Europe. Je souhaite que la révolution reste dans les mains des hommes modérés. Je ferai tout ce que je pourrai pour qu'elle continue à y être. Mais quand ce Gouvernement passera dans les mains des hommes ardents, fussent les radicaux, je n'abandonnerai pas ma cause pour cela, je serai toujours du parti de la révolution (1). »

A Dieu ne plaise qu'il y ait à donner à ces paroles une interprétation exagérée et injuste ! Il ne faut y voir que ce qui s'y trouve. M. Thiers s'y pose sans doute résolûment comme un ami de la révolution quand même..., mais surtout comme un ami de la révolution modérée. C'est le type d'une classe trop nombreuse et trop connue dans notre histoire contemporaine, celle des *révolutionnaires conservateurs*; de ces hommes qui, acceptant les principes, repoussent les conséquences, et qui, pleins de leur propre sagesse, se croient assez forts et assez habiles pour faire de l'ordre avec le désordre. Il y a pour cette classe d'hommes des ténèbres d'esprit qui les vouent irrémédiablement à l'erreur. Ils sont à l'antipode de la pensée du comte de Maistre, qui disait de la

(1) Un mot de M. Thiers peut faire juger jusqu'où pourrait le conduire son goût du pouvoir servi en même temps par son esprit révolutionnaire et par son scepticisme. S'entretenant, dans son salon, quelques jours avant le 24 mai, avec un haut personnage parlementaire qui s'effrayait de voir le pays de plus en plus entraîné sur la pente révolutionnaire : « C'est vrai, dit-il, il n'est nullement impossible que « nous ne soyons conduits jusqu'au radicalisme... Au reste, ajouta-t-il, la Suisse en « vit bien..... »

Ainsi, le régime actuel de la Suisse, avec ses dominations tyranniques, ses outrages audacieux à la liberté de conscience et à la liberté individuelle, avec ses persécutions sans nom et sans frein contre les populations catholiques, telle est l'*éventualité* gouvernementale dont la France aurait à s'accommoder !!!

révolution française qu'elle était *satanique*. A leurs yeux la révolution n'est pas le mal, elle est le bien. Ses excès, il faut les flétrir, mais son principe reste sacré.

C'est sur cette base que repose la politique de M. Thiers. Il veut la modération, mais il veut la révolution. Et c'est ainsi qu'il a montré tant d'indulgence ou plutôt tant de sympathie pour les hommes du 4 septembre, qu'il a prodigué ses sollicitudes et ses efforts à relever la république, issue de l'usurpation révolutionnaire, de l'arrêt de condamnation dont l'avaient frappée les élections du 8 février 1871; que plus tard il a ranimé le courage et les espérances de cette partie de la gauche qui, dans l'Assemblée, était le plus exposée à porter le poids moral de l'horreur dont les fureurs sauvages de la Commune avaient rempli les âmes. C'est ainsi que, d'une manière continue, il a travaillé à affaiblir dans l'Assemblée et dans le pays l'influence du parti conservateur : et que par ses maximes et ses ressorts d'administration, par les hommes dont il faisait choix, qu'il patronnait, auxquels il apportait ses préférences plus ou moins discrètes dans les élections, il a dévié le sens moral des populations, livrant le pays à l'équivoque la plus dangereuse et la plus féconde en catastrophes nouvelles. Au lieu du gouvernement conservateur qu'elle entendait consolider, la France abusée prêtait sans le savoir des appuis à la révolution en lui envoyant des auxiliaires marqués à l'effigie de M. Thiers dont le nom les aidait à usurper la confiance publique.

Que ce fût un triomphe contre la majorité, on ne saurait le nier. Mais le moment s'est bien vite montré où ce triomphe était un danger pour M. Thiers lui-même. C'était au moyen des républicains modérés qu'il voulait tenir en échec les hommes de la droite. A court terme, les républicains modérés succombaient dans la lutte électorale contre les candidats radicaux. La politique a aussi sa logique dont la loi est inexorable : elle suit son cours. L'étoile de M. Thiers pâlissait devant celle d'un Gambetta quelconque (1).

Et ce qui suivait en même temps son cours, c'est la décomposition morale du pays de plus en plus égaré dans ses voies; c'est le découragement de la partie saine des électeurs; c'est le mal de l'abstention qui s'accroissait, les uns s'éloignant par dégoût, et les

(1) Dans une conversation avec M. Thiers, M. Rothschild se montrait très-ému, au point de vue financier, du résultat des élections du 9 juin. Il comparait les députés radicaux nommés à l'aide du nom de M. Thiers à *de la monnaie de faux aloi, à des billets véreux dont l'endosseur était exposé à subir le remboursement à ses frais.*

autres, faut-il le dire, par crainte; c'était l'empire des passions mauvaises recrutant chaque jour un plus grand nombre de complices, ceux-ci volontaires et dévoués, ceux-là insconscients et trompés par les détours d'une politique à double face.

M. Thiers était-il homme à reconnaître cette situation et à y porter un remède efficace? C'eût été là une espérance vaine. Son *métier* d'homme d'État, comme il l'appelle, il croit le savoir assez pour que personne n'ait rien à lui apprendre. Les avis et les conseils lui sont importuns. Doué d'un optimisme démesuré que ses flatteurs encouragent, tout lui paraît succès et réussite. Il a en pitié les prophètes de malheur qui viennent troubler ses rêves dorés. Il ne croit pas à ce génie du mal qu'on lui signale implacable, agissant et grandissant sans cesse contre l'ordre public. A défaut de la confiance en Dieu, que la politique positive n'admet guère, il a une pleine confiance dans la sagesse et la raison populaire qui doivent toujours prendre le dessus. Les excès révolutionnaires sont l'erreur d'un moment; c'est la fougue naturelle au caractère français.

Indulgence sceptique! Et de là, pour M. Thiers, cet appel répété à une conciliation impossible, où les principes les plus opposés déposeraient leurs armes; où disparaîtrait la moralité des doctrines, des actes et des hommes; où la vérité et la conscience ne seraient plus que de vains mots, et où la lutte éternelle du bien et du mal, du juste et de l'injuste, n'auraient plus de raison d'être.

C'est la confusion. Éclectique et fataliste, M. Thiers, l'aime comme philosophe. Il l'aime comme homme politique, comme pouvait l'aimer Machiavel, parce qu'elle crée un levier plus puissant pour diviser. M. Thiers a toujours été, non pas une force de cohésion et d'unité, mais une force dissolvante.

<h3 style="text-align:center">XIII</h3>

Et c'est ici qu'apparaît dans la personnalité de M. Thiers une dernière et sa plus grande infirmité. Le mobile de sa force dissolvante, c'est son goût de la domination, de la domination absolue. N'étant pas de race monarchique, il ne saurait être Louis XIV. Il ne veut pas être Danton ou Robespierre. La modération de son caractère et les lumières de son expérience l'éloignent également de cette souveraineté farouche et brutale qui glisse et qui tombe si vite dans le sang. Ce n'est pas aux principes, et, sans vouloir porter atteinte à l'éminence de son esprit, ce n'est pas à la hauteur du génie qu'il peut demander ce pouvoir dont il a fait son besoin impérieux et son droit naturel, c'est à l'habileté. C'est de là qu'est sorti ce système de confusion et de division qui crée les faiblesses au lieu de créer les forces et où il occupe le point central.

Et maintenant, où peuvent tendre en réalité les aspirations et les efforts de M. Thiers?

Serait-ce au rétablissement de la monarchie? Et d'abord M. Thiers a trop de lumières et de bon sens pour qu'à ses yeux il y ait désormais une autre monarchie possible que la monarchie légitime. Or, cette monarchie, il ne saurait en vouloir; car elle serait l'exclusion de toute autre souveraineté que celle du roi héréditaire.

Est-ce la fondation de la république? Il en affiche la prétention, mais sans dissimuler qu'elle n'est guère possible en France, puisqu'il faudrait la faire sans républicains. Dans des explications récentes, il déclarait que la république était peu dans son goût et dans son tempérament, mais qu'il la regardait comme nécessaire parce que tout autre gouvernement était devenu impossible.

Et, à une date plus ancienne, il faisait de la république, en France, un tableau tel qu'on ne peut guère supposer, de sa part, une conversion bien sincère en faveur de cette forme de gouvernement. Voici ses remarquables paroles :

« La République a été ESSAYÉE *d'une manière concluante,* suivant nous. On nous objecte tous les jours : ce n'est pas la république sanglante comme celle de ces temps que nous voulons; nous la voulons paisible et modérée. Eh bien ! *on commet une erreur grave quand on dit que l'expérience n'a pas porté sur ces deux points.* IL Y A EU UNE RÉPUBLIQUE SANGLANTE PENDANT UN AN; *mais,* **PENDANT HUIT A NEUF ANS, C'ÉTAIT UNE RÉPUBLIQUE |QUI AVAIT L'INTENTION D'ETRE MODÉRÉE ET QUI A ÉTÉ ESSAYÉE PAR DES HOMMES HONNETES ET CAPABLES.**

« Sous le Directoire, c'étaient des hommes comme Laréveillère-Lépeaux, Barthélemy, Rewbel, Sieyès, Carnot, hommes modérés, honnêtes, capables, qui voulaient non pas la république de sang, mais la république paisible. La victoire n'a pas manqué à ces hommes; ils ont eu les plus belles victoires : Rivoli, Castiglione et mille autres! La paix ne leur a pas manqué non plus, car Napoléon leur avait donné celle de Campo-Formio, la plus sûre et la plus honorable.

« Cependant, en quelques années, LE DÉSORDRE ÉTAIT PARTOUT; ces hommes d'État étaient honnêtes, et cependant *le Trésor était livré au pillage;* personne n'obéissait ; les généraux les plus modestes, les plus probes, des généraux comme Championnet et Joubert, *refusaient d'obéir* aux ordres du gouvernement : C'ÉTAIT UN MÉPRIS, UN CHAOS UNIVERSEL. Il a fallu que des généraux vinssent renverser ce gouvernement (passez-moi l'expression), à coups de pieds, et le mettre à sa place.

« Ainsi, dans ces dix ans, IL S'EST FAIT EN FRANCE UNE EXPÉRIENCE CONCLUANTE sous les deux rapports. On a eu la République non-seulement *sanglante*, mais la République *clémente, qui voulait être modérée*, ET QUI N'EST ARRIVÉE QU'AU MÉPRIS, *quoique, en majorité*, les hommes qui la dirigeaient fussent d'honnêtes gens.

« AUSSI LA FRANCE EN A HORREUR. QUAND ON LUI PARLE RÉPUBLIQUE, ELLE RECULE ÉPOUVANTÉE. ELLE SAIT QUE CE GOUVERNEMENT TOURNE AU SANG OU A L'IMBÉCILLITÉ.

Non, M. Thiers ne croit pas à la République définitive (1). Il n'y croit pas et il ne l'aime pas. Ou plutôt il en aime une, une république *sui generis*, qui serait faite à son usage, où il serait non-seulement le premier, mais où il serait tout. C'est celle-là qu'il a cherché et qu'il cherche de plus en plus à réaliser. Il est partisan de cette république, non parce qu'il est républicain, mais qu'il est césarien. L'empire, cette forme de la révolution, a exercé sur son illustre historien une puissance contagieuse. Ce n'est pas de Washington que rêve M. Thiers, c'est du premier consul Bonaparte.

Tel est le mot vrai de la politique de M. Thiers. Il a fait obstacle aux tendances de la droite, parce que ces tendances sont monarchiques et qu'à ses yeux elles menaçaient son pouvoir. Sous prétexte de sympathie républicaine, il va chercher à gauche des auxi-

---

(1) On connaît les paroles de M. Thiers irrité contre la gauche à l'occasion de son vote repoussant l'impôt des matières premières, vote à la suite duquel il avait manifesté la velléité de se retirer : « Leur république a déjà bien de la peine à marcher avec moi; ils verront ce qu'elle deviendra lorsque je n'y serai plus! »

liaires et des appuis qui lui paraissent plus sûrs et plus traitables.

Et l'avenir de la France, et le grand intérêt de l'ordre social, qu'ont-ils à devenir au milieu de ces calculs?

M. Thiers se renferme dans le présent, pour lequel il s'est fait, à ses yeux, l'homme nécessaire. Avant tout, il faut qu'il reste au pouvoir jusqu'à son dernier jour et que sa république subsiste jusque-là.

Un jour Louis XV, apercevant les abîmes où courait la monarchie, se rassura en disant : « Après tout, cela durera bien autant que moi. »

M. Thiers, en répétant ce mot, pourrait-il se promettre d'être un prophète aussi sûr? nous pouvons espérer aujourd'hui qu'il en sera autrement.

Ce que nous savons, c'est que la France allait de nouveau aux abîmes, et qu'elle y allait conduite par la politique dont elle subissait l'action dissolvante.

Conciliation, union, tel était le programme apparent de cette politique. Confusion, division, tel était son programme réel. Ce qu'elle produisait, c'était l'anarchie au profit de la révolution ; c'était la décomposition morale pénétrant plus avant dans le sein du pays; c'était la ruine momentanée du parti conservateur. Mais c'était aussi, plus qu'il ne le pensait, la ruine prochaine de M. Thiers, qui n'était et qui ne serait encore pour la république de l'avenir qu'un instrument de transition, si cette république devait prévaloir. C'était plus sûrement encore la renommée de M. Thiers compromise devant l'histoire : le piédestal que les événements et la confiance du pays lui avaient préparé, il l'a brisé de ses propres mains, et son nom comparaîtra devant le tribunal de l'avenir chargé d'une lourde responsabilité, celle des calamités qu'il préparait à ce pays, déjà si rudement éprouvé et qu'il pouvait sauver.

La vérité, vérité lamentable pour lui et pour tous, c'est que, malgré ses intentions patriotiques qu'il serait injuste de contester, malgré les services qu'il aura pu rendre et auxquels ne se sera pas ménagé son zèle, M. Thiers aura été pour son pays un homme fatal. Au lieu de conduire la France au port, comme il en avait le devoir et le pouvoir, il la livrait et il continue autant qu'il le peut à la livrer à de nouvelles tempêtes, compromettant pour longtemps ses destinées, non pas seulement à l'intérieur, où il ravive et fortifie les instincts révolutionnaires,

mais vis-à-vis de l'Europe, pour laquelle nous serions restés
la nation dangereuse, ennemie de la paix et de l'ordre, à laquelle toute alliance sérieuse et forte devait être refusée; vis-à-
vis de l'empire germanique en particulier, qui, habile à profiter
de nos désordres et par suite de notre faiblesse, aurait mis peu
de scrupules à en profiter dans toute la mesure de son ambition
et des haines auxquelles ses succès ne paraissent pas avoir donné
une satisfaction suffisante, puisque la France vit encore.

XIV

Grâces à Dieu, un jour s'est levé où a éclaté la manifestation
complète des dangers qui menaçaient la France. L'abîme sur lequel elle était penchée s'est montré béant. La politique à double
face qu'avait pratiquée M. Thiers n'a plus eu de masque. On l'a
vue dans sa triste réalité : se dérobant sous des apparences conservatrices et allant tout droit à la révolution ; égarant, dans ses
voies souterraines, les intentions loyales des ministres eux-mêmes,
dont l'action régulière était contrariée, entravée et compromise
par des influences occultes ; trompant la bonne foi de l'Assemblée
trop longtemps confiante dans des protestations dont on a pu
juger la sincérité le jour où le progrès de ses déviations a amené
M. Thiers à révéler cet engagement secret et personnel qu'il
avait pris vis-à-vis du radicalisme : l'engagement de faire la République ; de la faire au mépris du pacte de Bordeaux et de ses
affirmations, répétées tant de fois et avec tant d'ostentation, de
lui rester religieusement fidèle et de n'engager à aucun degré ni
la liberté ni l'indépendance de la représentation nationale (1).

Oui, telle était cette politique à la fois coupable et misérable

---

(1) On se rappelle les paroles que prononçait M. Thiers, le 9 juin 1871, à la tribune de l'Assemblée nationale :

« Vous avez accordé à la République, disait-il, *le fait, rien que le fait, vous vous*
« *êtes réservé l'avenir* et vous avez eu raison. J'ai pensé toute ma vie au gouver-
« nement que mon pays pouvait souhaiter, et si j'avais eu le pouvoir qu'aucun
« mortel n'a jamais eu, j'aurais donné à mon pays ce que, dans la mesure de mes
« forces, j'ai travaillé depuis quarante ans à lui assurer, sans pouvoir y réussir : *la*
« *monarchie constitutionnelle de l'Angleterre.* Je trouve qu'on est libre, grande-
« ment, notablement libre à Washington et qu'on y fait de très-grandes choses ;
« mais je trouve qu'on est également libre à Londres et, qu'on me permette de le
« dire, *plus libre peut-être qu'à Washington.*
« L'avenir que vous avez voulu réserver, c'est la monarchie : *Je ne ferai rien*
« *contre cet avenir.* »

par laquelle M. Thiers se trompait lui-même en trompant les autres, et où, associant dans sa pensée l'existence de son pouvoir à l'existence de la république, il travaillait à ce double résultat en jetant dans les plus dangereuses équivoques le pays de plus en plus détourné de ses voies.

C'est ainsi que, les regards fascinés par ce pouvoir dont, malgré ses protestations, il ne voulait pas se séparer, il s'adressait, dans les rangs de la gauche, à tous les auxiliaires, à tous les rapprochements, à toutes les coalitions plus ou moins inavouables, que travaillait activement à préparer, dans l'ombre, un zèle subalterne mais aussi infatigable qu'affranchi de scrupules. C'est de ces sources impures que devait sortir la république conservatrice : cette république qui était, aux yeux de M. Thiers, le gage de sa domination viagère, mais qui, pour ses alliés du moment, n'était qu'un échelon à franchir. Chose singulière et que n'expliquent que trop les illusions de l'ambition ! cette république modèle que M. Thiers proclamait la seule possible et qu'il ne regardait comme possible qu'à la condition d'exister sans les républicains, c'est à eux que, par une contradiction étrange, on s'adressait pour en faciliter l'avénement. On se servait pour l'édifier de ceux dont la volonté, déclarée à l'avance, était de la renverser. Lamentable confusion où toutes les ambitions malsaines s'étaient donné rendez-vous pour trouver leur satisfaction en se faisant échec les unes aux autres !

Aussi, et comment s'en étonner ? lorsque, dans une circonstance mémorable, le crédit de cette république mitigée et équivoque se trouva engagé sur le terrain des élections et que la question se posa entre elle et le radicalisme, dès le premier essai cet édifice fantastique s'écroula dans la défaite d'un de ses candidats les plus autorisés et dans le triomphe du candidat que lui avait opposé la vraie république, c'est-à-dire la république révolutionnaire. L'élection de M. Barodet et bientôt après celle de M. Ranc apprirent à l'Assemblée et à la France quel élan la politique tortueuse de M. Thiers avait donné aux forces subversives qui menacent l'existence sociale. La révélation s'était faite tout entière. L'évidence éclatante du mal avait signalé à l'Assemblée quel était son devoir. Il n'était plus possible de laisser entre les mains de M. Thiers un pouvoir dont il faisait un si funeste emploi : ce pouvoir lui fut retiré.

Même alors, on pouvait encore penser que, victime de son aveuglement, entraîné par ses préoccupations personnelles, séduit par les flatteries que lui avait prodiguées l'habileté perfide de ses adversaires transformés en amis, M. Thiers ferait un retour sur lui-même, qu'il comprendrait la vanité de ses spéculations politiques et l'impossibilité de faire cette république de juste milieu, la seule qu'il regardât comme réalisable, mais où la logique révolutionnaire devait toujours avoir le dernier mot. On pouvait penser qu'instruit par l'expérience et revenu à des idées plus saines et plus pratiques, il saurait racheter par le silence, par une honorable abstention et par la dignité de son attitude les fautes et les manquements sérieux où il avait été entraîné et qui l'avaient condamné à la retraite.

Malheureusement il n'en a pas été ainsi. M. Thiers, resté fidèle à ses illusions où l'orgueil n'a que sa trop grande part de complicité, n'a rien retranché de sa confiance dans son infaillibilité politique, nonobstant l'avortement lamentable de cette république conservatrice, morte pour ainsi dire avant d'être née; c'est toujours à ce fétiche impuissant qu'il attache la fidélité de ses convictions d'hier et la réalisation de ses espérances de demain. Il recommencera, s'il le faut, ces coalitions qui lui ont été si fatales et qui lui ont valu les auxiliaires dangereux dont il se croit toujours maître de réprimer les tendances excessives lorsqu'il aura tiré de leur concours pour lui-même, pour le succès de ses vues et de ses projets, tout le parti utile.

C'est dans ces voies désastreuses que l'infatuation de ses idées le force à marcher, le poussant, de défaillance en défaillance, à une diminution finale qui sera bien moins encore le châtiment de ses plans présompteux et personnels que la tristesse de ceux dont il a trompé la confiance et l'espoir. Car, s'il y avait dans cette vie si longue et si remplie trop d'obscurcissements et de déviations sur lesquels on eût voulu pouvoir fermer les yeux, il y avait aussi les phases lumineuses qui avaient éclairé cette rare intelligence et qui, plus d'une fois, l'avaient montré apte aux pensées élevées et aux grandes choses. Mais la condition de l'élévation et de la grandeur est en dehors du point d'appui si fragile et si incertain que l'on cherche en soi-même. Pour le malheur de sa gloire, M. Thiers n'en a jamais connu un autre.

Et combien cette décadence volontaire à laquelle il semble vouloir s'abandonner n'est-elle pas plus regrettable encore, alors qu'elle rencontre comme contraste, des exemples qui eussent pu lui être un utile enseignement! Comment échapper, en effet, à ce parallèle où M. Thiers, se diminuant chaque jour, se trouve placé vis-à-vis des princes d'Orléans qui, inspirés par un amour sincère du pays, ont su accomplir grandement le grand acte de rapprochement et d'union que la France attendait de leur patriotisme et de leur honneur, et auquel elle apporte le tribut de son admiration et de sa reconnaissance? Et comment ne pas être frappé de l'état de contradiction où se trouve M. Thiers par la noble et méritoire démarche du comte de Paris? N'est-ce pas l'impossibilité prétendue de la fusion entre les deux branches de la famille royale de France que M. Thiers invoquait comme le principal obstacle au rétablissement de la monarchie? Qu'a-t-il à objecter aujourd'hui que l'accord est fait dans les conditions d'entente absolue, de loyauté et de générosité que chacun sait? Qu'a-t-il à objecter à l'encontre de cette monarchie constitutionnelle, dont toutes les institutions seraient discutées et adoptées en commun par le roi et par le pays que représente cette Assemblée « sortie des élections les plus libres qui se soient jamais faites » (1)? Qu'a-t-il à objecter, lui, le vieux monarchiste, ainsi qu'il s'appelait encore naguère sur le sol républicain de Genève ; lui qui a si souvent déclaré que la république n'était guère de son goût, qu'il ne regardait ce régime que comme un pis aller auquel nous condamnait la division des partis ; lui enfin dont dont les aspirations de toute sa vie n'avaient cessé de tendre à cette monarchie tempérée, entourée d'institutions libérales, et où l'autorité nécessaire du prince et la légitime intervention du pays trouvaient d'égales garanties? Qu'a-t-il à objecter à ce mouvement indiscutable du pays conservateur qui appelle cette solution comme le seul remède à ce provisoire énervant dont il souffre, et comme le moyen efficace de restituer la France aux bienfaits de la stabilité et de l'ordre intérieur ainsi qu'à ses grandes et prospères destinées, en la replaçant sur la base solide de ses principes traditionnels conciliés avec out ce que le progrès des temps a fait naître de besoins légitimes?

« Vous voulez la monarchie, » disait quelquefois M. Thiers avec dérision à la partie de l'Assemblée qui l'appelait de ses vœux, « eh bien! faites-la. » Or cette monarchie se fait aujourd'hui. Elle

____

(1) Appréciation souvent reproduite par M. Thiers.

se fait dans des conditions d'unité et d'union qui sont loin de l'a-
narchie à laquelle sont livrées les diverses fractions du parti républicain, dont chacune prétend faire prévaloir sa république
spéciale. A nous maintenant à dire à M. Thiers : « Pourquoi, à
cette heure où elle est possible, n'apportez-vous pas votre concours à cette monarchie dont vous-même, plus d'une fois, depuis
le 8 février 1871, vous avez reconnu le retour comme le seul remède efficace aux maux de la situation et que, dans une nuit mémorable, sous l'influence des élections qui venaient de s'accomplir, vous avez eu la pensée de faire proclamer dès le lendemain
par la voix de l'Assemblée (1) ?

Que devant le large et salutaire programme qui s'élabore en ce
moment, M. Thiers veuille maintenir le sien, c'est-à-dire le programme étriqué, équivoque, inacceptable et inaccepté de la république conservatrice, c'est là une prétention qui ne saurait
apparaître que comme une infirmité incurable de l'esprit ou une
aberration d'une ambition maladive. Elle sera le triste couronne-
ment de cette partie de la vie de M. Thiers où on l'a vu mettre une
main ardente au renversement de la première monarchie ; puis,
devenir pour la seconde, pour celle qu'il avait si largement con-
tribué à fonder, l'un des instruments les plus actifs de sa chute ;
complétant ces œuvres de ruine dont la mission néfaste lui
semble être échue, en renversant de ses propres mains le gouvernement dont il s'était fait une création d'autant plus chère qu'elle
impliquait à ses yeux la continuation de cette dictature déguisée
qui avait été, en tout temps, le but de ses aspirations et de ses
efforts. Une voix de l'Assemblée a appelé un jour M. Thiers le
mauvais génie de la France. Cette sombre grandeur qu'il a pu
avoir dans le passé ne saurait lui être réservée dans l'avenir. Et
lorsque, jetant un reproche immérité à un homme d'une intégrité
politique inattaquable, qu'il appelait le protégé de l'Empire,
M. Thiers oubliait trop facilement que la pratique immorale des
coalitions lui est depuis longtemps familière : lorsque, sa main
droite dans celle de Gambetta et sa main gauche dans celle du

---

(1) Les révélations qu'apporte chaque jour ont appelé en outre l'attention publique
sur l'engagement que, pour obtenir le concours du parti monarchique à sa nomination comme chef du pouvoir exécutif, M. Thiers a pris vis-à-vis des chefs de ce
parti, auxquels il avait promis *de faire, avant un an,* LA MONARCHIE UNIE.

Cette promesse, on sait comment elle a été tenue ! Mais on sait aussi, en revanche,
combien M. Thiers s'est montré fidèle dans ses engagements avec les représentants
de la république radicale.

prince Napoléon, il se présente au pays, ainsi escorté, comme pour lui montrer les diverses variétés du césarisme et de la révolution, M. Thiers s'est placé à un niveau tel qu'il ne saurait même plus aspirer à la gloire sinistre d'être un homme fatal. Il ne saurait plus être qu'impuissant.

Non, non : les illusions ne sont plus possibles ni à l'égard des hommes ni à l'égard des choses. La vérité s'est faite tout entière. Sous peine pour la France de n'être plus, il faut renoncer à ces gouvernements d'expédients, à ces régimes d'ambition personnelle, à ces pouvoirs boiteux et caducs qui tiennent toujours la porte ouverte à l'invasion révolutionnaire : gouvernements que le pays subit en même temps avec résignation et avec mépris, disant d'eux : « En voilà toujours pour une année ou deux. » Non ; ce ne sont pas ces combinaisons provisoires, fausses, dangereuses, coupables qui peuvent remédier à nos maux si profonds et nous faire retrouver ce grand bienfait de la stabilité depuis si longtemps perdu.

Il y a pour la France deux éléments suprêmes en dehors desquels tout ce qui sera tenté ne fera qu'ajouter à nos abaissements et à nos malheurs : Dieu et le roi. Il faut que Dieu se retrouve à la tête de la société, qui va périr sans lui. Il faut que le roi légitime se retrouve à la tête de la nation, et qu'appuyé sur l'union de toute la famille royale, sur la confiance publique, sur des institutions qui garantissent à la fois la stabilité du pouvoir et les régulières franchises du pays, il replace la monarchie dans la splendeur de ses fondamentales traditions unies aux légitimes aspirations des temps nouveaux. Cette œuvre de conciliation qui, mettant en harmonie l'autorité et la liberté, les droits véritables et les devoirs nécessaires, et qui, imposant un terme aux antagonismes funestes, fera enfin cesser ces alternatives d'anarchie et de dictature sans frein entre lesquelles la France s'affaiblit et s'épuise depuis si longtemps, seule la monarchie héréditaire et nationale peut la réaliser parce qu'elle sera l'obstacle à la révolution et qu'elle sera la réforme.